DVD+Book
ブラジリアン柔術 ベリンボロ

Brazilian Jiu-Jitsu Berimbolo

2枚
約4時間の大容量!!

← この袋の中には DVD が2枚入ってます。

はしがき

　本書は、ブラジリアン柔術におけるテクニック「ベリンボロ」に特化した技術書です。筆者がより高いレベルでの競技者を目指すほど、このテクニックを習得する必要が不可欠となりました。
　日本国内はもちろん、世界選手権を始めとする多くの国際大会で勝負してきた経験と、日頃の仲間たちとの激しい練習を積み上げていくうちに、成果がカタチ作られました。しかし、私の中でうまくいく時といかない時、カウンターを取れる時と取れない時など、いくつかのパターンがあることに気が付き、それらを整理し、精査していくことで、私のもっとも得意とする展開のひとつとなりました。

　本書のPart1、Part2では、基本的なベリンボロとそれに相性の良いライイングレッグドラッグを解説します。ベリンボロとレッグドラッグのコンビネーションは、ベリンボロでの、はじめの一歩となります。
　Part3からPart6では、ベリンボロとライイング・レッグドラッグをつなぐ、4大フック（ファーサイドフック・Xフック・バタフライフック・ツイスターフック）の展開を解説します。それぞれのフックの基本形とポイントを紹介し、各フックを用いたベリンボロのカウンターも解説していきます。
　そして、Part7からPart9では、ベリンボロとレッグドラッグの攻防を把握した上での、より実践的な展開やフィニッシュ方法を紹介しております。
　これらすべてのPartを総合的に組み合わせて連携技として習得したならば、その攻防において絶大な威力を発揮してくれるでしょう。
　本書を手にするみなさんが「ベリンボロ」の技術を通して、柔術をより楽しんで頂き、実際に習得するだけでなく、柔術に対する技術的な好奇心をさらに駆り立てて頂けるならば、これに勝る喜びはございません。
　最後に本書を作成するにあたり、多大なアドバイスをくださった私の師匠である早川先生、嫌な顔ひとつせず技を受けてくれた、弟弟子の澤田氏に感謝致します。

芝本幸司

● DVD 使用上のご注意
　ＤＶＤビデオは、映像と音声を高密度に記録したディスクです。
　ＤＶＤプレーヤー、ＤＶＤ再生機能付きパソコンでご覧になれます。
　なお、プレーヤーの機種によっては、正常に動作しない場合があります。
　詳しくは、ＤＶＤプレーヤーの説明書をお読みになるか、プレーヤーメーカーにお問い合わせ下さい。
　ＤＶＤプレーヤーのシステムが旧タイプの場合、ＤＶＤが再生できないことがあります。
　ＤＶＤプレーヤーとハードディスクが一体になっている機器は、システムを最新にすることにより、
　再生することが可能になります。（実証済み）
　システムの改善の仕方は、ＤＶＤプレーヤーの説明書をお読みください。

● DVD 取り扱いについて
　ディスクは直接、指で触ったり、床などに置いてキズ等を付けないように丁寧に取り扱って下さい。
　汚れた場合は、クリーニング専用の布などで丁寧に軽く拭き取って下さい。
　使用した後は、不織布（付属の袋）に入れて保管して下さい。
　ディスクに傷が付いた場合、再生不能になることがあります。

● 著作権と免責事項
　ＤＶＤは一般家庭での使用を目的に販売されております。
　第三者への配布及びレンタルは、法律で禁止されております。

もくじ

■ **Part1　ベーシック ベリンボロ　6**
　01　ダブルガードプルからのベリンボロ　8
　02　vs コンバットベース（スタンディング）　10
　03　vs コンバットベース（シッティング）　12
　04　vs デラヒーバガードパス　14
　05　デラヒーバガードパス・カウンター　16
　06　リバースデラヒーバガードからのベリンボロ　18
　07　ベリンボロ ディフェンス　20

■ **Part2　ライイング レッグドラッグ　22**
　01　ダブルガードプルからのライイング レッグドラッグ　24
　02　ダブルガードプルからのライイング レッグドラッグ（ニアサイド）　26
　03　ベリンボロからのライイング レッグドラッグ　28
　04　ベリンボロからのライイング レッグドラッグ（ニアサイド）　30
　05　サイドスイッチ　32
　06　vs デラヒーバガード　34
　07　ベリンボロ カウンター　36

■ **Part3　ファーサイドフック　38**
　01　ダブルガードプルからのファーサイドフック　40
　02　ベリンボロからのファーサイドフック　42
　03　デラヒーバガードからのファーサイドフック　44
　04　vs デラヒーバガード　46
　05　vs ディープハーフガード　48
　06　レッグドラッグ フィニッシュ　50
　07　ベリンボロ カウンター　52

■ **Part4　X フック　54**
　01　ダブルガードプルからの X フック　56
　02　ベリンボロからの X フック　58
　03　ライイング レッグドラッグからの X フック　60
　04　ディープハーフガードからの X フック　62
　05　vs レッグドラッグディフェンス　64
　06　レッグドラッグ フィニッシュ（デュアルサイド）　66
　07　ベリンボロ ディフェンスからの X フック　68

■ **Part5　バタフライフック　70**
　01　ダブルガードプルからのバタフライフック　72
　02　ベリンボロからのバタフライフック　74
　03　ライイング レッグドラッグからのバタフライフック　76
　04　X フックからのバタフライフック　78
　05　レッグドラッグ フィニッシュ　80
　06　レッグドラッグ フィニッシュ（ニアサイド）　82
　07　ベリンボロ ディフェンス（50/50 ガードからのバタフライフック）　84

■ **Part6　ツイスターフック　86**
　01　ベリンボロからのツイスターフック　88
　02　ライイング レッグドラッグからのツイスターフック　90
　03　ファーサイドフックからのツイスターフック　92
　04　X フックからのツイスターフック　94
　05　バタフライフックからのツイスターフック　96
　06　スタッキングパスからのツイスターフック　98
　07　ベリンボロ ディフェンス（vs ハーフガード）　100

■ **Part7　バックテイクのバリエーション　102**
　01　ロールオーバー バックテイク　104
　02　vs エルボーエスケープ（サイドスイッチ）　106
　03　vs インバーテッドガード（スタッキング レッグドラッグ）　108
　04　vs ファーサイドエスケープ（ツイスターフック）　110
　05　vs レッグトラップ（ストンプ リリース）　112
　06　vs アンダーフック エスケープ（スピニング サイド スイッチ）　114

■ **Part8　バックコントロールからのサブミッション　116**
　01　リアネイキッドチョーク（ゲーブルグリップ）　118
　02　ボーアンド アローチョーク vs バックスライドエスケープ　120
　03　ストレートアームロック vs アームループエスケープ　122
　04　ハンマーロック　123
　05　クロックチョーク　124
　06　ボディトライアングルからのボーアンド アローチョーク　126

■ **Part9　レッグロック　128**
　01　ベリンボロ vs ストレート フットロック　130
　02　ベリンボロ vs トゥホールド　132
　03　ベリンボロからのストレート フットロック　134
　04　ライイング レッグドラッグからのトゥホールド　136
　05　ツイスターフックからのカーフスライサー　138
　06　ベリンボロ カウンター（ストレートフットロック）　140

Part1
ベーシック ベリンボロ

Part1　Basic "Berimbolo"

01　ダブルガードプルからのベリンボロ
02　vs コンバットベース（スタンディング）
03　vs コンバットベース（シッティング）
04　vs デラヒーバガードパス
05　デラヒーバガードパス・カウンター
06　リバースデラヒーバガードからのベリンボロ
07　ベリンボロ ディフェンス

Part1　ベーシック ベリンボロ

01　ダブルガードプルからのベリンボロ

1．両足が相手の両足の中にある、ダブルガードプルの状態より、

2．相手の両足首を持ってすくい上げます。

5．右手で相手の右足側の帯を握り、

6．左の肩からマットにつくように体を倒していきます。

9．両足を相手の左側へ深く差し込み、左足首を左腿へフックします。

10．左足首のフックで相手の左足を押さえて、左手を相手の左ズボンに持ち替えます。

背面より見る
13．相手の足を上げて尻が浮いたら、体をその尻の下へ寄せます。

14．左足は膝を曲げて引き寄せ、スネ上に相手の左足をかぶせます。

3．右足裏で相手の左内腿を蹴り、

4．左足を相手の右足の外側から巻き付け、デラヒーバフックをつくります。

7．左肩をつけたら、頭を相手の足の方へ入れていき、

8．右肩に重心が乗るところまで入り込み、

11．左足を曲げ、相手の右膝裏と合わせます。

12．右足で相手の左腿付け根をブロックし、左足と左手で相手のそれぞれの足を上げます。

15．左足のフックで相手を前に押し出して、

16．オーバーアンダーフックで相手の上半身を押さえて、バックテイクします。

Part1 ベーシック ベリンボロ
02 vs コンバットベース（スタンディング）

1. 立っている相手に、片エリ・片ソデをつかんだオープンガードをかけた状態より、

2. 相手が右足を前に出しコンバットベースをとったら、デラヒーバガードをつくります。

5. 同時に左ヒジで体を支えながら、上体を起こしていき、

6. エリの手を離し、相手の帯に持ちかえます。

9. 左肩から頭を中に入れるように横回転して、

10. 右肩に重心を移して両足を差し込み、左足は相手の左腿にフックします。

13. その尻の下の開いたスペースに体を寄せ、

14. 左膝を引き寄せ、相手の左足をスネの上にのせます。

3．左手のソデを離し、相手の足首へ持ちかえます。

4．右足裏を相手の左内腿にあてて、押し込みます。

7．両足と帯グリップを引き寄せ、

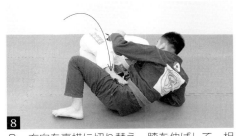

8．方向を真横に切り替え、膝を伸ばして、相手の体勢を崩します。

11．左手を相手の左ズボンに持ちかえたら、左足を曲げて膝裏同士を当てます。

12．両足で相手の右足を強くはさみ込んで、相手の尻を浮かせます。

15．左足のフックで相手を押し出しながら、オーバーアンダーフックで上体を抱えて、

16．左足を腿にかけて、バックテイクします。

Part1 ベーシック ベリンボロ

03　vs コンバットベース（シッティング）

1．座っている相手に、片エリ・片ソデをつかんだオープンガードをかけた状態より、

2．相手が右膝を立て、コンバットベースをとってきたら、

5．右足を相手の膝の内側にセットし、

6．一気に膝を伸ばすようにして蹴ります。

9．左足を大きく降り下げると同時に、尻を支点にして上体を起こします。

10．左手はソデを離し、相手の右足をとります。

13．右肩に重心を移し、左足は相手の左腿にフックし、

14．左手を奥のズボンに持ちかえたら、左足を曲げて膝をかませます。

背面より見る

3．右足で相手の腿を踏んで、腰を中央へずらしします。

4．次に左足をマットにつけて、腰をずらして体の向きを右向きへ変えていきます。

7．右足を軸に、左足を大きくスイングし、

背面より見る

8．逆側より見る。これにより、相手の右足の下にスペースができます。

11．振り下ろした左足を深く差し込み、エリの手を引いて相手を崩し、

12．相手のエリをマットにつけるくらいに引き寄せながら、上体を横に回転します。

15．相手の左足を自分のスネにのせてから、相手を下方へ押し出し、

16．オーバーアンダーフックで上体をキャッチし、バックテイクします。

04 vs デラヒーバガードパス

1. 相手のコンバットベースにデラヒーバガードをかけた状態より、

2. 相手が右膝を伸ばし、右手で左膝を押して、デラヒーバガードのフックを外して、

5. またがれた右足を相手の右尻あたりにフックして、

6. 右手のエリを引きながら、右足のフックで蹴り上げ、

9. 右足を軸にデラヒーバフックを作り直します。

10. 右エリを強く引き出し、相手を大きく斜め後ろへ崩し、

13. 左足を曲げ、相手の右膝裏に掛けたら、相手の尻を浮かせ、

14. 左スネに相手の左足をしっかりとかぶせ、

3．左足をステップバックして腰に当てた右足を外し、

4．股の中に入れてパスガードを狙ってきた場合、

7．大きく両足を振り上げて相手の体勢を崩します。

8．相手がバランスを立て直そうとしたタイミングに合わせて、右足を相手の左内腿に当て、

11．頭を相手側へ向けるように、右肩に体重が乗るまで横回転をし、

12．左足で相手の左腿をフックし、左手は、相手の左ズボンに持ち替えます。

15．左足のフックで相手を送り出します。

16．オーバーアンダーフックで上半身を固め、バックテイクします。

05　デラヒーバガードパス・カウンター

1．相手のコンバットベースにデラヒーバガードをかけた状態より、

2．相手が左足を大きくバックステップし、パスガードしてきた場合、

5．尻を上げて回転しながら相手の体勢を崩し、

6．相手が倒れるのに合わせて、さらに尻を上げ、横回転を進めます。

9．左手は相手の左ズボンに持ち替えて、

10．左膝裏と相手の右膝裏を合わせるように曲げます。

13．相手の左足を左スネにしっかりと乗せ、

14．フックを掛けた左足で、相手を前に押し出します。

3．相手が腰を落としてくるタイミングで、右手を襟から離して相手の脇へ差し込みます。

4．相手の脇に差し込んだ右手を軸にしながら、頭を相手の右腰付近に移して、体勢を返します。

7．右肩に重心が乗るまで回転し、脇に差した右手は、後ろ襟を握ります。

8．両足を深く差し込み、左足を相手の左腿へフックし、

11．両足ではさむチカラと左手を使って、相手の両足を持ち上げ、尻を浮かせます。

12．浮いた相手の尻の下に上体を寄せて、左足は膝裏で相手の右足を下へ押し込みます。

15．左手は相手の脇下から、右手は相手の頭の下から差し込みます（オーバーアンダーフック）。

16．両手をクラッチして、バックテイクします。

06 リバースデラヒーバガードからのベリンボロ

1．相手の右足に右足を内側から差し込んだ、リバースデラヒーバガードの状態より、

2．左手で相手の左エリに軸をつくりながら、両足を伸ばして相手の右足を浮かせます。

5．左手で相手の左膝裏を押さえて、後ろに抜けます。相手のリアクションが、この後なければバックテイクできます。

6．相手が振り向いて防御をするプレッシャーを感じたら、右足を相手の足にかけます。

9．相手が後方へ重心移動するのに合わせて、右手で相手の帯を引き寄せ、

10．相手を右側へ落として、ベリンボロへ移行します。

13．左手と左足と使って、相手の尻を浮かせます。

14．左膝を曲げ、スネの上に相手の左足を乗せて、

3．その股の下のスペースに頭を入れるように回転をし、

4．頭が相手の股の裏に出たら、左手をエリから離して、

7．相手の腰が近づいてくるので、後ろ帯を右手でつかみ、相手と向き合うようにします。

8．右足は相手の腹部に当てておきます。

背面より見る

11．右肩に重心を乗せて、両足を深く差し込み、

12．左膝を曲げて相手の右膝裏に合わせます。

15．左足で相手を前に押し出して、左手を脇下から、右手を頭の後ろから差し込み、

16．左足をフックしてバックテイクします。

Part1　ベーシック ベリンボロ

07　ベリンボロ ディフェンス

1．ダブルガードプルの状態より、

2．相手が両足をすくってきて、

5．相手が右手で帯をつかみに来たら、

6．右手で相手の左スソ、左手で相手の右スソをつかみ、

9．左足をしっかり寄せて、頭・両足が相手の方を向くように横回転します。

10．左足側から着地するタイミングで、

13．頭を相手の頭の横に落として、

14．右膝を内側へ入れて、相手の右腿上から出します。

3．左内腿を蹴って、

4．デラヒーバフックをつくられた場合、

7．相手が倒れる方向へ合わせて、右肩を落としていきます。

8．相手の頭と自分の頭が向き合うように回転します。

背面より見る

11．頭をやや起こし、

12．右手をズボンから離して、相手の左脇を差します。

15．右足を完全に出したなら相手をしっかりとコントロールして、

16．右膝を相手の腰に寄せ、スプロールベースのサイドコントロールとなります。

Part2
ライイング レッグドラッグ

Part2　Lying Leg Drag

- 01　ダブルガードプルからのライイング レッグドラッグ
- 02　ダブルガードプルからのライイング レッグドラッグ（ニアサイド）
- 03　ベリンボロからのライイング レッグドラッグ
- 04　ベリンボロからのライイング レッグドラッグ（ニアサイド）
- 05　サイドスイッチ
- 06　vs デラヒーバガード
- 07　ベリンボロ カウンター

Part2　ライイング レッグドラッグ

01　ダブルガードプルからのライイング レッグドラッグ

1．ダブルガードプルの状態より、

2．両手で相手の両足を持ち上げます。

5．左手で相手の左足首を持って、

6．右手は相手の帯を取りにいきます。右足は、相手の左腿の付け根にフックし、

9．右足を蹴り上げながら、左足は相手の右膝裏にフックします。

10．左足フックで相手の右足を持ち上げて、

13．左手は相手の右エリに持ち替えます。

14．肘と膝を近づけて、右足のつま先を立てて、起き上がる準備をします。

3．右足で相手の左内腿を蹴って、

4．右足を相手の左腿の上へ外します。

7．左手で相手の左足を引き上げて、相手の左足の下にスペースを作り、

8．そのスペースに尻を滑り込ませて、右足は足首を相手の膝裏にフックさせます。

11．右足のフックを外して、マットに下ろします。

12．左手で相手の左足を腹部へ引いて、右手で相手の帯を引き寄せて、相手の腰に近寄ります。

15．右足つま先で踏ん張って、起き上がり、

16．頭を相手の右側に置いて、レッグドラッグポジションに移行します。

Part2　ライイング レッグドラッグ

02　ダブルガードプルからのライイング レッグドラッグ（ニアサイド）

1．ダブルガードプルの状態より、

2．両手で相手の足首を持って引き上げます。

5．右手は相手の帯を持って、

6．左側へ体を倒していきます。

9．内側へ締めたデラヒーバフックを緩めると、膝下にスペースができるので右足を差し込みます。

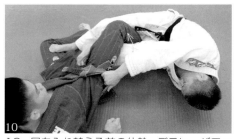
10．足を入れ替える前の体勢。デラヒーバフックを内側へ入れて相手の膝を上に向かせ、

13．右足のフックを持ち上げ、足首を持っていた左手は離します。

14．上体を相手側に向かって起こします。

3．右足で相手の左内腿を蹴り、

4．左足を外側から巻きつけて、デラヒーバフックをかけます。

7．左肩で体重を支えて、

8．デラヒーバフックをした左足を内側へ締めます。

11．デラヒーバフックを一気に外側へ開くと相手との膝の間にスペースができます。

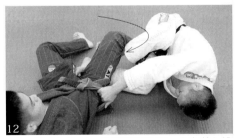

12．できたスペースに右足のフックを差し込みます。

15．左手でマットに手をついて補助すると、体を起こしやすくなります。

16．フックした右足をかけたまま、相手の膝に体重をかけ、レッグドラッグポジション。

Part2 ライイング レッグドラッグ

03 ベリンボロからのライイング レッグドラッグ

1．ダブルガードプルの状態より、

2．相手の両足を持ってすくい上げ、右足で相手の左内腿を蹴ります。

5．頭を相手の方へ向けて横回転します。

6．相手が後ろに下がってベリンボロをディフェンスしてきたら、

9．左手は逆のズボン（左足）を取りにいき、

10．体の上に相手の左足を引き寄せます。

13．左足でフックをしたら、右足を下げて、左手で相手の右エリを取ります。

14．右足のつま先でマットを踏ん張って起き上がり、

3．左足を外から巻きつけ、デラヒーバフックをし、右手は相手の帯を持ちます。

4．左肩をマットへつけるように、左側へ体を倒していきます。

7．右足は膝を曲げて、相手の右足の膝の下を通し、

8．両足で相手の右足をはさみ、右手の帯は持ったままにします。

11．左足を上に外してから、右足のフックを少し上げてスペースを作り、

12．そのスペースに左足を差し込み、相手の膝下にフックします。

15．帯をつかんでいる右手で、相手の腰を引き寄せます。

16．レッグドラッグポジションに移行します。

04 ベリンボロからのライイング レッグドラッグ（ニアサイド）

1. ダブルガードプルの状態より、

2. 両手で相手の両足首を取り、

5. 左側へ体を倒していきます。

6. 左肩で体重を支えて、

9. 左手は相手の左足をつかんで、

10. 上体に引き寄せます。

13. 右肩でバランスを取り、左足首で相手の左膝裏にフックをかけます。

14. 左手を伸ばし相手の右エリを取り、

3．右足は相手の左内腿を蹴って、左足は外側へ回し、デラヒーバフックをします。

4．右手は相手の帯を持ちます。

7．少し相手の腰から遠い間合いで、体を回転するようにします。

8．右足は膝を曲げて、相手の右足の膝の下を通して足首でフックします。

11．相手が抵抗して左足を引き寄せたら、

12．右足つま先でバランスをとり、左足を相手が引き寄せた足に掛けていきます。

15．フックした左足で相手の足を押し込み、

16．相手の上側の足（ニアサイド）を押さえた状態でのレッグドラッグポジションに移行。

05 サイドスイッチ

1. ダブルガードプルの状態より、

2. 右足は相手の左内腿に当て、左足でデラヒーバフックをつくり、右手で帯を持ちます。

6. 両足で相手の右足をはさみ、右手の帯は持った状態で、

7. 左手で相手の左ズボンをつかみ、

背面より見る

10. 相手の両足の間から左膝が出るようにフックをかけます。

11. 左手で相手の右エリをつかんだときに、相手が左肩を押して抵抗してきた場合、

13. 上体を回転させながら、左足のフックで相手の右足を振り落として、

14. 帯を持っている右手で相手を引き寄せて、右足で相手の右膝裏にフックをかけます。

4．左側へ体を倒していきます。

5．右足は膝を曲げて、相手の右足の膝の下を通し、

8．体の上に相手の左足を引き寄せます。

9．左足を相手の右膝裏にフックして、相手の方へ体を向けて腰を寄せます。

12．マットを見るように体を起こし、押された肩から前転する準備をし、

13．左肩から回転します。このとき、左足のフックは外さないようにします。

15．右手はエリを取り、左足はつま先を立てて、

16．上体を起こし、相手の上側の足を押さえたレッグドラッグポジションに移行します。

Part2 ライイング レッグドラッグ

06 vs デラヒーバガード

1．相手にデラヒーバガードかけられたの状態より、

2．両手で相手のエリを持った手をつかみます。

5．右手を押し込み、右膝を伸ばしてデラヒーバフックを解除します。

6．左手は相手の右足首あたりを持ったまま、左足をバックステップします。

背面より見る
9．左手で相手の帯を取りにいきます。

10．左足つま先でマットを踏ん張りながら、体を相手側に起こし、

背面より見る
13．右膝と右肘をしっかりと寄せて、

14．左足のつま先で踏ん張って起き上がり、

3．上体を起こしながらグリップを切り、

4．右手を相手の膝に置き、プレッシャーをかけます。

7．右手で相手の右腿を抱え込み、体勢を低くして、相手の右膝裏に頭を入れます。

8．左ヒジをマットについて寝込む衝撃を和らげておき、右膝はしっかりと寄せて、

11．右手は相手の膝下を通して、

12．相手の襟を取ります。この時、右ヒジを引いて、相手の右足を抱えるようにします。

15．少し遠くに着地させるイメージで、右足を横へ出します。

16．頭を密着させて、レッグドラッグポジションに移行します。

Part2 ライイング レッグドラッグ
07 ベリンボロ カウンター

1. ダブルガードプルの状態より、

2. 相手がベリンボロを仕掛けるために、両足首をつかみ、左内腿を蹴り、

5. 相手が回転し始めたら、そのスソを引き上げて、相手の左足の下に右手を差し込みます。

6. 相手の両足の中に入っていくイメージで、相手の右足を右腕でかき分けます。

9. 左足を振り上げて、相手の体を飛び越え、

10. 相手の尻の下に左足を入れるように体勢を入れ変えます。

13. 右肘と右膝と寄せて、相手の右足を押さえ込みます。

14. 左足はつま先を着いてから膝を前に進め、相手の腰を押さえます。

3．デラヒーバフックをして、帯をつかんできたら、

4．この時点でベリンボロを警戒して、相手の右スソを取っておきます。

7．右足のスネで相手の左膝裏、右腕で相手の右膝裏を押さえ込みます。

8．右スネと右腕に重心を置いて、相手の尻側へと、覆い被さっていきます。

11．右足でフックをかけたまま、左足から着地します。

12．右腕は相手の左襟をつかみにいき、

15．頭を相手の体の中に入れ、

16．レッグドラッグポジションに移行します。

Part3
ファーサイドフック

Part3　Far Side Hook

01　ダブルガードプルからのファーサイドフック
02　ベリンボロからのファーサイドフック
03　デラヒーバガードからのファーサイドフック
04　vs デラヒーバガード
05　vs ディープハーフガード
06　レッグドラッグ フィニッシュ
07　ベリンボロ カウンター

Part3 ファーサイドフック

01 ダブルガードプルからのファーサイドフック

1. ダブルガードプルの状態より、

2. 両手で相手の足をすくい、

5. 右足で相手の左膝をフックしたまま、左に倒れ、

6. 左足のつま先を立てて、

9. 左手で相手の右足をコントロールしながら、

10. スイングをし終えた左足は、膝を曲げて、相手の右膝裏にスネを当てます。

13. 左手で相手の左上腕を取ります。

14. 右手を帯から離し、左手で相手を引きつけながら、

3．右足を相手の左膝下を通して、

4．右手で帯を持ちます。

7．尻を上げたら、左肩をつけて回転していきます。

8．右足のフックをかけたまま、左足をスイングして回転をスムーズにします。

背面より見る
11．ファーサイドフックの基本形。

12．右足で相手の左膝裏を押し込みながら、

15．相手の頭の下から通して上体を抱え、

16．両手はクラッチして、左足を掛けてバックテイクします。

Part3 ファーサイドフック
02 ベリンボロからのファーサイドフック

1. ダブルガードプルの状態より、

2. 両手で相手の足をすくい、

5. 右手で帯を持ちます。

6. 左側へ体を倒していき、

9. 左手で相手の左ズボンをつかんだら、

10. 左足を曲げて相手の膝裏をロックします。

13. 左膝裏のフックを外側にスライドして外し、

14. 左スネを相手の右膝裏にかけます。

3．右足は相手の左内腿を蹴って、左足を外側へ出しにいきます。

4．外側へ出した足でデラヒーバフックをし、

7．左肩から右肩へと重心を移すように横回転します。

8．両足を相手の左腿へ深く差し込み、

11．相手の左足が右足に近い時は、右足を相手の左足裏に差し込みます。

12．両足で相手の両膝裏を押さえた状態になります。

15．右手で相手の帯を持ち、右足で相手の左足を押し込んで相手の体を回転させて、左手で相手の左上腕を引き寄せます。

16．右手を頭の下から通し、バックテイクします。

Part3 ファーサイドフック

03 デラヒーバガードからのファーサイドフック

1．両そで口を持ったデラヒーバガードの状態より、

2．相手が体勢を維持するために、左膝を着いた時、

5．右ソデを引いて、少し相手を前に崩しながら、右足を差し込みます。

はさみ込んだ両足の力を利用して上体を起こし、右手で襟を取ります。

9．左肩から横回転し始め、

10．相手の股まで頭が抜けたら、

13．左スネを相手の膝裏に入れて、ファーサイドフックの基本形をつくります。

14．右手で相手の帯をつかみ、両足で押し込んで、相手の尻を浮かせ、

3．右足をマットに置いて踏ん張りながら、

4．左足を深く差し込んで、腿の付け根に当てます。

7．右手で相手のエリを、両足で左腿を引き付けます。

8．相手を引き寄せたら、膝を伸ばして相手を斜め後ろへ崩します。

11．右足は相手の左足を押さえたまま、左足を相手の右足にかけます。

12．さらに左足を外側にスライドさせて外したら、

15．相手の上体を回転させて、左手で相手の上腕をキャッチし、

16．相手を手前に引き寄せて、右手を通してバックテイクします。

Part3 ファーサイドフック
04 vs デラヒーバガード

1．相手にデラヒーバガードをかけられた状態より、

2．両手で相手の手首をつかみ、

5．押し下げながら右膝を伸ばして、相手のフックを外します。

6．左足をバックステップします。左手は、相手の右足を持ちます。

9．右手はお尻の下から股の中へ差し込むようにします。

10．左手は相手の右足を持ったまま、右足は相手の膝裏に引っかけます。

右手のグリップを引きつけ、ファーサイドフックの基本形となります。

14．両足でプレッシャーをかけて相手の右足を押し込み、

3．上体を起こして相手のエリをつかむグリップをきります。

4．右手は、相手のデラヒーバフックの膝にあてて、

7．右手を離し、相手の体越し（相手の右側）に手を出します。

8．右肩から前方回転をし、

11．右手で相手の腰紐を探し、左スネを相手の右膝裏に入れます。

12．左スネで押し込み、左手は引きつけます。

15．左手は相手の上腕をキャッチをし、

16．右手を頭の下から通して、バックテイクします。

Part3 ファーサイドフック
05 vsディープハーフガード

1．相手のデラヒーバガードの状態より、

2．右手で相手の膝を押さえ、右膝の伸ばしてデラヒーバフックを解除し、

5．相手が右足と襟グリップを引いて、大きく前に崩すプレッシャーを掛けて来たら、

6．バランスを取るために左膝をつきます。

9．右足に重心をかけて相手に乗りバランスを取って、左足を自由にします。

10．右へ振り向きながら相手に乗って、相手の右ズボンをつかんで引きつけます。

13．背中を地面に着けながら、左足は相手の右膝裏に差し込んでスネを当てます。

14．右手は相手の帯、または腰ヒモをつかんで、相手の尻をコントロールし、

3．左手で相手の右足を押さえながら、ステップバックします。

4．左足は相手の右足をまたいで、パスガードのセットアップをします。

7．相手がディープハーフガードを掛けてきて、

8．左手で右足を下からすくった場合、

11．上体を半身にしてから、右肩を相手の尻の下に入れるように後方へ倒れ込み、

12．相手に抱えられている右足で、相手の左足をフックをし、

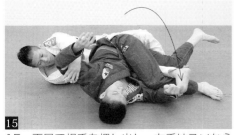

15．両足で相手を押し出し、左手はスソから離して相手の左腕をつかみます。

16．オーバーアンダーフックと左足のフックをして、バックコントロールします。

Part3　ファーサイドフック

06　レッグドラッグ フィニッシュ

1．ダブルガードプルの状態より、

2．相手の両足を取り、

5．右手で相手の帯をつかんで、

6．左肩を落として倒れていきます。

9．左足をスイングしながら頭を内側に入れ、

10．左手は相手の右足をコントロールします。

13．左手で相手の左足を取り引きつけます。

14．左手は、相手の右襟を持って、

3．右足は相手の左膝下へ差し込み、

4．左膝を内側へ曲げて、回転の準備をします。

7．右足は相手の左膝をフックして、

8．右足のフックを軸に回転します。

11．左足を相手の右足の下へ入れて、スネをあてます。

12．右足のファーサイドフックを外して、

15．左足のフックで相手の右足を上げたまま、右足でマットを蹴って、体を起こします。

16．レッグドラッグポジションでフィニッシュします。

Part3 ファーサイドフック

07 ベリンボロ カウンター

1．ダブルガードプルの状態より、

2．相手が両足をすくってきた場合、

5．右手で帯を持たれたら、

6．ベリンボロを警戒して、相手の右ズボンをつかんでおきます。

9．お尻を下げて、相手の頭から離れるように、右へ移動します。

10．右足は、相手の左足をフックできているので、

13．左手で相手の左脇下から差し込み、

14．相手の左腕を引きながら、持たれている右足を外して、バックフックに切り替え、

3. 左内腿を蹴られて、

4. デラヒーバフックをつくられ、

7. 相手が回転し始めたら、

8. 左足をマットについて踏ん張り、

11. そのまま、左足を相手の右膝裏に入れてスネを当て、

12. 両足で相手を押し出して、相手に背後を向かせます。

15. 右手を頭の下から差し込み、

16. オーバーアンダーフックで上体を抱えて、左足もバックフックします。

Part4
Xフック

Part4　X Hook

01　ダブルガードプルからのXフック
02　ベリンボロからのXフック
03　ライイング レッグドラッグからのXフック
04　ディープハーフガードからのXフック
05　vs レッグドラッグディフェンス
06　レッグドラッグ フィニッシュ（デュアルサイド）
07　ベリンボロ ディフェンスからのXフック

Part4 Xフック

01　ダブルガードプルからのXフック

1. ダブルガードプルの状態より、

2. 両手で相手の足を取り、

5. 左手に相手の左足首を持ち替えて、

6. 右手で相手の帯をつかみ、

9. 左手で相手の左足を上げ、右手を相手の尻の右横へ差し込みます。

10. 右手で帯をつかんだら両膝を曲げてフックし、尻を上げて相手の腰に近づきます。

13. フックしたまま、右膝を相手の腹の上に差し込むようにします。

14. 右足で相手の右膝を押し込むと同時に、左足を相手の左膝にかけ、

3．右足で相手の左内腿を蹴ります。

4．蹴った足を相手の左足の上へ抜いて、相手の左股関節に足首をフックします。

7．相手の膝の横へ体を滑り込ませて、左足を相手の右膝裏にフックします。

8．右足を相手の右股関節に差し込み、

背面より見る

11．Xフックの基本形。

12．フックしている側の相手の腰に体を寄せて、

15．左手を相手の脇下から差し込み、

16．頭の下から通した右手と繋いでバックテイクします。

Part4 Xフック
02 ベリンボロからのXフック

1．ダブルガードプルの状態より、

2．両手で相手の足首を持ち、

5．右手で帯を持ちます。

6．左側へ体を倒して、

9．右足を大きく開き、

10．右足つま先から、相手の右膝裏へと差し込み、

13．フックを外さずに右膝を相手の腹の上に差し込み、

14．その右膝を伸ばして相手の右膝裏を押し、相手の尻を浮かせます。

3. 右足で相手の左内腿を蹴りながら、

4. 左足は外側へ回して、デラヒーバフックをし、

7. 左肩から横回転をし、

8. ベリンボロの時より、相手から少し離れます。

11. 左足を抜いて、外側からフックして相手の右膝にXの形ではさみ込みます。

12. 両膝を曲げて相手の腰に近づいて、左手で相手の左スソを取ります。

15. 左足を相手の左膝裏にフックして、左手は相手の脇の下から左腕をキャッチし、

16. 相手を引き寄せ、両手を繋いでバックテイクします。

Part4 Xフック

03 ライイング レッグドラッグからの X フック

1．ダブルガードプルの状態より、

2．両手で相手の足を持ち、右足で相手の左内腿を蹴ります。

5．右足を曲げて、相手の右膝の外側からスネを差し込み、

6．両足で相手の右足をはさんで固定します。

9．両足が水平になるように尻を上げて、

10．左足で相手の右足を支えている間に右足を相手の右膝裏に差し込み、

13．両足でフックをかけたまま、右膝を相手の腹部に乗せます。

14．乗せた右膝で相手の膝裏を押し込んで、相手の尻を浮かせて、

3．左足でデラヒーバフックを作ったら、右手は帯を持って、

4．上体を左へ倒し、左肩を地面につけて回転し始めます。

7．左手は相手の左ズボンを持って、

8．相手の左足を胴体に引き寄せ、ライイング・レッグドラッグのセットアップ。

11．左足を抜いて、相手の膝の外側からフックします。

12．両膝を曲げて、相手の腰に体を寄せると、Xフックのベースポジションになります。

15．左足を相手の左膝に移して、両足のフックで相手を押し出します。

16．相手を引き寄せて、両手でオーバーアンダーフックをかけ、バックテイクします。

Part4　Xフック

04　ディープハーフガードからのXフック

1．ダブルガードプルからデラヒーバフックをかけた状態より、

2．デラヒーバフックを外側へ外して、

5．体を左に向けるようにしてディープハーフガードの体勢となり、

6．右足を外して相手の足の下からフックし、両足を組み直します。

9．相手がバランスを取るために右へ振り返ってリバースハーフガードで押さえてきたら、

10．左手は、相手の左膝裏を押さえます。

13．Xフックの基本形から、右膝を相手の腹部へ乗せていき、

14．尻を振り下ろして、右足で相手を押し出し、左足は相手の左膝裏をフックします。

3．右足を相手の右足の下に差し込み、右手は帯を取りにいくように差し込んで寝込みます。

4．相手の股下にもぐるように、上体をスピンさせ、右手で相手の背中の帯をつかみます。

背面より見る

7．左足を外して、右足フックで相手を前に押し出し、

8．頭を相手の股下から抜いて、相手の背後に回り込みます。

11．右に体を向けていき、相手を後方へ倒しながら、左足で相手のスネをフックします。

12．相手が倒れたら尻を浮かせて、両足をXフックでかけます。左手は、左ズボンをつかみます。

15．左手で相手の左腕を引き、右手は首を抱えて、

16．両手はクラッチをし、左足をフックしてバックテイクします。

05 vsレッグドラッグ ディフェンス

1．ダブルガードプルの状態より、

2．両手で相手の足首を持って、右足で相手の左内腿を蹴り、

5．右肩に重心を移し、右足を相手の右膝に寄せ、

6．右足を相手の右膝裏に差し入れ、体を相手の股の下にもぐり込ませます。

9．左足で相手の右膝裏にフックしたら、右足はフックを外して足をマットにつけます。

10．左手で相手の右襟を取るが、相手がこちらの肩を押してきたら、

13．Xフックのベースポジションから、右膝を相手の腹部に乗せて、

14．乗せた右膝で相手の膝裏を押し込み、相手の尻を浮かせて、左足を相手の左膝に移します。

3．左足でデラヒーバフックをつくり、右手は帯を持って、

4．上体を左へ倒し、左肩を地面につけて回転し始めます。

7．両足で相手の右足を押さえて、左手は相手の左ズボンを持ちます。

8．相手の左足を引き寄せて、体の上に乗せ、

11．起き上がると見せかけ、相手に押されている左肩から地面に着けて前転し、

12．右足は、左足と相手の足の間に差し込み、左手はズボンをつかみます。

15．両足のフックで、相手を押し出し、相手の左腕を抱えて、

16．両手でオーバーアンダーフックをかけ、バックテイクします。

Part4 Xフック

06 レッグドラッグ フィニッシュ（デュアルサイド）

1. ダブルガードプルの状態より、

2. 右足で相手の左内腿を蹴り、左足はデラヒーバフックをつくり、

5. 頭を相手側へ向けるように横回転し、

6. 左足で相手の右足に軸をつくって少し相手から離れ、尻を浮かせます。

9. Xフックで押して、相手の右足を横へ倒し、ライイング・レッグドラッグへ移行します。

10. Xフックの右足を抜いて、左手で相手の左足を体に引き寄せて、腰を相手に近づけます。

ニアサイド
13. Xフックのベースポジションから、ニアサイドのレッグドラッグへいく場合、

14. 頭を相手の右側へ抜いて、左肩を軸に体を起こします。

3．右手は相手の帯を持って、

4．左肩をマットにつけにいくように体を倒し、

7．できたスペースに、右足を相手の右膝に差し込み、

8．左足を相手の右足の外側からフックし直して、Xフックでコントロールします。

11．左手で相手の右襟をつかみ、右足で踏ん張りながら、上体を起こします。

12．頭を中に入れ、レッグドラッグポジションでフィニッシュします。

15．頭を起こして右膝を内側へ入れ、相手の右足をコントロールして右側へ押し込みます。

16．ニアサイドのレッグドラッグポジションでフィニッシュします。

Part4 Xフック
07 ベリンボロ ディフェンスからの X フック

1．ダブルガードプルの状態より、

2．相手が両足を持って、右内腿を蹴ってきて、

5．右足を相手の左足の下を通して、

6．腿の付け根にフックします。膝は、相手の足より外に出しておく事がポイント。

9．額をマットにつけて軸をとり、一緒に回り続け、

10．回転が止まったら、

13．X フックのベースポジションとなり、

14．右膝を相手の腹部に乗せて、

3．左足にデラヒーバフックをつくり、帯をつかまれた場合、

4．ベリンボロを警戒して、両手で相手の左足のスソを持ちます。

7．相手がベリンボロを仕掛けて回転してきたら、

背面より見る

8．相手の回転に合わせて、マットを見るように回っていきます。

11．フックしていた右足を相手の右腿の付け根に差し込みます。

12．頭を相手の尻の下へ入れながら、右手で相手の右腰あたりの帯をつかみます。

15．右足で相手を押し出し、左足は相手の左膝裏にフックします。

16．オーバーアンダーフックでキャッチして、バックコントロールします。

Part5
バタフライフック

Part5　Butterfly Hook

01　ダブルガードプルからのバタフライフック
02　ベリンボロからのバタフライフック
03　ライイング レッグドラッグからのバタフライフック
04　Xフックからのバタフライフック
05　レッグドラッグ フィニッシュ
06　レッグドラッグ フィニッシュ（ニアサイド）
07　ベリンボロ ディフェンス（50/50 ガードからのバタフライフック）

01　ダブルガードプルからのバタフライフック

1．ダブルガードプルの状態より、

2．両手で相手の足をすくい、右足で相手の左内腿を蹴り、

5．左手で相手の左スソをつかみ、

6．右足のフックは、相手の右腿の付け根に差し替えます。

9．左足を相手の左足に寄せていき、

10．右足を右膝裏に、左足を左膝裏にフックします。

13．体の左側から倒れ込み、

14．右手でつかんでいる相手の後ろの帯を引きながら、相手を体の上に乗せます。

3．蹴っている右足は、つま先を抜いて、相手の腿の付け根にフックします。

4．右手でつかんでいる相手の左足は、右足の上を通して、内側へ移し、

7．右肩から倒れ込んで、

8．左手で相手の足を大きく開かせて、右手は相手の右腰の帯をつかみます。

11．相手の両足を押さえたら、相手の右側に上体を移し、

12．スソを持っていた左手は、相手の後ろのエリをつかみます。

15．両足のバタフライフックで相手を下へ押し出し、

16．オーバーアンダーフックをかけ、バックテイクします。

02 ベリンボロからのバタフライフック

1．ダブルガードプルの状態より、

2．両手で相手の足首を持ち、右足で相手の左足を押さえ、

5．左の肩から倒れます。

6．ベリンボロの要領で回転しますが、右足は相手から離します。

9．左足はさらに奥へ差し込んでから相手の左足にフックし、左手は帯を取ります。

10．両足首を返し、右足で相手の右足、左足で相手の左足を押さえる。

13．回転する勢いを利用し、右手で相手の帯を引き寄せて、相手を体の上に乗せます。

14．両足のフックで相手を押し出し、

3．左足はデラヒーバフックをつくります。

4．右手は帯を持って、

7．右肩に重心を移し、相手の右足の下に右足を差し込むスペースをつくり、

8．空いたスペースに右足を差し込んだら、相手の右膝裏へフックします。

11．帯を持った左手は、相手の腰を十分に寄せたら、相手の右エリへと持ち替えます。

12．エリを持った側の肩から回転を始め、

15．下側（左足）の足からバックフックをつくり、

16．オーバーアンダーフックをかけ、上側（右足）の足もバックフックをします。

03　ライイング レッグドラッグからのバタフライフック

1．ダブルガードプルの状態からデラヒーバガードをつくり、

2．左肩から右肩へと重心を移すように横回転します。

5．相手の左足を体に引き寄せ、

6．右足で相手の足をあげて、そのスペースに左足でフックをかけて、相手へ体を傾け、

9．右足を引き寄せます。

背面より見る
10．相手がエリを取った肩を押してディフェンスしてきたならば、その肩から前転し、

13．左足は相手の左膝裏へ移して、バタフライフックをつくります。

14．エリは持ったまま、帯を持っている右手を引いて、体を右へ持ち上げて、

3．右膝を相手の右膝裏に通して、股下に入り込み、

4．両足で相手の右足を押さえながら、左手で相手の左足を取ります。

7．左手で相手の右エリをつかみ、ライイングレッグドラッグで攻めます。

8．右足のつま先で踏ん張って上体を起こし、

11．左足と相手の足の間に右足を差し込み、

12．右足を差し込んだら、膝裏にフックをし、

15．相手を体の上に乗せて、両足のフックで前へ押し出し、

16．下の足から順にバックフックして、両手はオーバーアンダーフックします。

Part5　バタフライフック

04　Xフックからのバタフライフック

1．ダブルガードプルの状態より、

2．相手の両足首を持ち、右足で相手の左内腿を蹴って左足でデラヒーバフックをつくります。

5．右足を差し込み、相手の右膝裏にフックし、

6．左足を相手の右足の外側からフックしたら、

9．Xフックした相手の膝を外側へ倒していきながら、左足のフックを外し、

10．左手でつかんでいる相手の左足を腰まで引き寄せ、相手の左足の膝裏へフックします。

13．エリを取った左肩から前転します。

14．回転中に相手の重心をバタフライフックに乗せて、

3．体の左側から倒れて、

4．少し遠い間合いで回転し、右足を差し込むスペースをつくります。

7．相手の腰を引き寄せて、Xフックのベースポジションをつくります。

8．腰をあげて、相手にXフックのプレッシャーをかけて、

側面より見る

11．左手は相手の帯をとり、両足首を返してバタフライフックのベースポジションをとります。

12．左手で相手の右エリをつかみ、

15．相手を前に押し出します。

16．下の足から順にバックフックをつくり、上半身もキャッチしてバックテイクします。

Part5 バタフライフック

05 レッグドラッグ フィニッシュ

1．ダブルガードプルの状態より、

2．両手で相手の足首を取り、

5．体の左側からを倒れて、

6．ベリンボロの要領で回転します。

9．右足を相手の右膝裏にフックしたら、

10．左足で左腿を押さえて、左手で左スソをつかんで、

13．左足のフックを外して、相手の右足にフックをし、

14．左足のフックを掛けてから、右のフックを抜いていきます。

3. 右足で相手の左内腿を蹴って、左足はデラヒーバフックをつくります。

4. 右手は帯を持って、

7. 少し相手から離れるように回転し、

8. 相手と間にできたスペースに右足を差し込み、

11. 足首を返して両膝を開き、左手は帯を持って、バタフライフックのベースポジション。

12. 相手の腰に近寄ったら、左手は相手の右エリをつかみます。

15. 右膝を相手の腰に寄せ、頭を相手の体の上に出していき、

16. レッグドラッグポジションでフィニッシュします。

Part5 バタフライフック

06 レッグドラッグ フィニッシュ（ニアサイド）

1．ダブルガードプルの状態より、

2．両手で相手の足首を持ち、

5．少し相手から離れるように回転して、

6．右足を外側から差し込み、膝裏にフックします。

9．両手で相手の帯を持ったら、相手の腰を引き寄せて、

10．両足首を相手の両膝裏へフックして、バタフライフックのベースポジションをとります。

13 側面より見る
13．左足のフックを強くかけて、

14．右足は、相手の背後へ進めてフックを解除します。

3. 右足で相手の左内腿を蹴って、左足でデラヒーバフックをつくります。

4. 右手は帯を持って、左肩から体を倒し、

7. 左足を相手の左腿へフックして、

8. 左手で相手の帯をつかみます。

11. 右肩で体重を支えて、尻を高い位置に保ち、

12. 左手で相手の右エリをつかみます。

15. 左足は、スネで相手の左腿を押し込みながら、上体を起こし、

16. ニアサイドのレッグドラッグでフィニッシュします。

07　ベリンボロ ディフェンス（50/50 ガードからのバタフライフック）

1．相手がデラヒーバフックをつくり、ベリンボロを仕掛けてきた場合、

2．デラヒーバフックをかけている相手の足のスソを両手でつかみ、

5．相手の左足が両足の間にあるようにして、両肘を張るようにスソを引き寄せ、

6．十分に引いた相手の左足は、左足に絡めるように左側へ移します。

9．スソを持っていた左手は、相手の腰ヒモの部分に持ち替えて、

10．右足は相手の右腿の付け根に掛けて、左肘は、相手の腿の外側に置きます。

13．バタフライフックのベースポジションから、右手は相手のエリを持ち、

14．エリを持った肩から前転します。

3．相手が回転しても、つかんだスソをしっかりと持っています。

4．相手の回転の途中で後ろへ寝て、両手でスソを引っ張ります。

7．右足を着いてエビをし、左足を曲げて相手の左腿にかけ、50/50のポジションへ。

8．右膝を曲げて、右側から体を起こします。

11．左肩から回転をして、左膝を抜きながら、相手の膝裏に足首をフックし、

12．右手で相手の帯をつかんで腰に寄って、相手の右側から頭を出します。

15．回転の途中で相手をバタフライフックにしっかりと乗せて下へ押し出し、

16．下の足から順にバックフックをつくり、上半身もキャッチしてバックテイクします。

Part6
ツイスターフック

Part6　Twister Hook

- 01　ベリンボロからのツイスターフック
- 02　ライイング レッグドラッグからのツイスターフック
- 03　ファーサイドフックからのツイスターフック
- 04　Xフックからのツイスターフック
- 05　バタフライフックからのツイスターフック
- 06　スタッキングパスからのツイスターフック
- 07　ベリンボロ ディフェンス（vs ハーフガード）

Part6　ツイスターフック

01　ベリンボロからのツイスターフック

1．ダブルガードプルの状態より、デラヒーバフックをつくり、右手は帯をつかみます。

2．左肩からマットに倒れるようにして、

5．左手で相手の左ズボンをつかみ、

6．左足を曲げ、相手の右膝裏に左膝裏を合わせます。

9．右手の4本指を相手のズボンの腰の中心部分をつかみ、右肘はマットに立てます。

10．右手で相手の尻を浮かせたら、右足を相手の右足に掛け、ツイスターフックをつくり、

13．左手で相手の左上腕を抱えて、

14．左手で相手を引き寄せながら、右手を相手の首の下から差し込み、

3．相手の腰の横へ、頭を中にいれるようにして、横回転をします。

4．右肩に重心を移し、両足を深く差し込んで左足を相手の腿の外側にフックして押さえます。

7．ベーシック・ベリンボロのプレッシャーをかけて、相手の尻を浮かせ、

8．左手で相手の腰部分のズボンをつかんで、相手の尻を引き上げます。

11．左足を相手の右足首辺りにフックして、引き寄せると、よりツイスターフックが絡みます。

12．右足を伸ばして、相手を押し出します。

15．右腕で相手の首を抱え込み、左足を相手の左腿に掛けます。

16．バックコントロールでフィニッシュします。

Part6 ツイスターフック

02 ライイング レッグドラッグからのツイスターフック

1. ダブルガードプルの状態より、

2. 両手で相手の足首を持って、右足は相手の左内腿を蹴ります。

5. 右膝を相手の右膝の裏に差し込み、

6. 両足で相手の右足をはさんで固定します。左手は、相手の左ズボンを持ちます。

9. 右足はマットについて、ライイング レッグドラッグで攻めていきます。

10. 右足つま先をマットについて、

13. 右足のフックを伸ばして、相手を押し出し、左足のスネの上に相手の左足を乗せます。

14. 左手は、相手の脇下へ差し込んで、左腕をキャッチして、

3. 左足はデラヒーバフックをかけて、右手は帯を持ち、

4. 左肩からマットにつくように、回転をし、

7. 相手の左足を体の上に引き寄せ、

8. 右足で相手の足をあげて、そのスペースに左足を入れて、相手の膝裏へフックします。

11. 尻を大きく上げながら、左足のフックを相手の足首へ移動させます。

12. 右足を相手の腹部の上を通して、右足に絡めて、ツイスターフックをつくる。

15. 左手を手前に引いて相手を引き寄せて、右手は頭の下を通し、

16. 両手をクラッチして、左足を相手の腿にかけて、バックテイクします。

Part6 ツイスターフック

03 ファーサイドフックからのツイスターフック

1．ダブルガードプルの状態より、

2．両手で相手の足首を持ち、右足を相手の左膝の下へ差し込みます。

5．左肩から横回転をし、

6．右足のフックでしっかり膝裏にプレッシャーをかけます。

9．左手を離して、両足のフックで相手の両足を近づけさせます。

10．左足を相手の足首へスライドさせ、右足を相手の右足の内側から絡めます。

13．左手で相手の左上腕を抱えて、

14．左腕を引いて、相手の上体を引き寄せ、

3．右手は帯を持って、左膝は曲げて尻の下に引き寄せ、

4．左足のつま先を軸に回転をし、右足はフックをあげて相手が地面に足を着かせないようにします。

7．左膝を曲げて、相手の右膝裏へ差し込んでスネを当てて、

8．右手は、相手の左腰の帯を持ち、ファーサイドフックのベースポジションをとります。

11．左足を手前に引き寄せて相手の右膝を曲げて、ツイスターフックをつくります。

側面より見る

12．ツイスターフックを伸ばして、相手に背を向けさせて、

15．右手を相手の頭の下から通し、オーバーアンダーフックをつくります。

16．左足をバックフックして、バックコントロールします。

Part6 ツイスターフック

04 Xフックからのツイスターフック

1. ダブルガードプルからデラヒーバフックをつくり、

2. 右手で相手の帯を持ち、

5. 右足を相手の右膝裏に差し込んで、

6. 左足を抜いて、相手の右膝の外側からフックします。

9. 左足を相手の足首へスライドさせ、

10. 右足を相手の右足に絡め、左足で相手の足首をコントロールします。

13. 右足を伸ばして、相手を押し出して、

14. 左手で相手の左脇下から、上腕をキャッチします。

3．左肩から倒れて、横回転をし、

4．相手と少し距離をとって、左足を軸にし、右足を寄せます。

7．左手で相手の左ズボンをつかみ、Xフックのベースポジションをとります。

8．両手で相手を引き寄せて相手と密着してから、右膝を相手の腹部に乗せ、

11．ツイスターフックが完成させたら、左足を外し、

12．左膝を曲げて、相手の左膝裏へ移します。

15．右手を相手の頭の下から通して、

16．オーバーアンダーフックをし、両足のフックをかけて、バックテイクします。

Part6 ツイスターフック

05 バタフライフックからのツイスターフック

1．ダブルガードプルからデラヒーバフックをつくり、

2．左肩から倒れて、横回転をし、

5．左足を相手の左腿へ差し込んで、

6．左手で相手の左腰の帯を取ります。

9．頭を相手の尻の下へ移します。

10．左足は、相手の右足首にかけて、

13．右足のフックを伸ばして、相手を押し出し、

14．左手は、相手の左脇下へ差し込んで、上腕をつかみ、

96

3. 相手と少し距離をとって、左足を軸にし、右足を寄せます。

4. 右足を相手の右膝裏に差し込み、

7. 両手で帯を引き付けて、バタフライフックのベースポジションをつくります。

8. 両膝を少しゆるめて、尻の下にスペースをつくり、

11. 右足のフックを外して、相手の右足の外側へ出します。

12. 両手で相手を引き付けて、相手の右腰に近寄って、右足を相手の右足に巻きつけます。

15. 左腕を引いて相手を引き寄せて、右手を頭の下から回し、

16. 両足をフックしてバックテイクします。

Part6 ツイスターフック

06 スタッキングパスからのツイスターフック

1．相手にデラヒーバガードを仕掛けられた状態より、

2．両手で襟をつかんでいる相手のグリップをつかみ、

5．右膝を伸ばしながら、右手で相手の膝を下へ押して、デラヒーバフックを外します。

6．左手で相手の右足を抱え、右手は相手の左足の内側から差して、カカトのグリップを外します。

9．少し胸を空けて、相手の腰を持ち上げたら、

10．胸を落として、相手の腰を押さえます。

13．左足で相手の右足を押さえたまま、右足でツイスターフックをつくります。

14．右足で相手の右足を押し出して、

3．背筋を使って、相手のグリップを切ります。

4．右手で相手の左膝を押さえて、

7．体勢を低くして、両手で帯を握り、スタッキングパスのセットアップをします。

側面より見る

8．左足を立てて、両手で帯を手前に引き付けます。

11．右膝を相手の右腰の横へすべり込ませ、

12．左足で相手の右足のカカト辺りを押さえて、相手の尻の下に上半身を寝かせます。

15．左手は、相手の左脇下へ差し込んで、上腕をつかみ、

16．両手のオーバーアンダーフックをして、左足をかけたらバックコントロールします。

Part6 ツイスターフック

07 ベリンボロ ディフェンス (vs ハーフガード)

1. 相手にデラヒーバガードを仕掛けられた状態より、

2. 左足を蹴られて、襟から帯にグリップを持ち替えられたとき、

5. 右手は、相手の帯グリップの腕の下を通し、

6. 相手の首を抱えます。

9. 左手で相手の右膝を引き寄せ、

10. 左足は相手をまたいで、

13. 右肩を相手の尻の下へもぐるようにして、上体を回転させます。

14. ツイスターフックで相手を押し出し、

3．ベリンボロへの崩しを警戒して、右手を大きく外へ着いて、バランスをとります。

4．左足はバックステップをして体勢を整え、左手は、相手のスソをつかんでおきます。

7．右肩で相手をアゴを押してプレッシャーをかけて、相手に回転をさせないようにします。

側面より見る

8．相手がパスガードを防ぐために、ハーフガードに切り替えてきたら、

11．マウントポジションを狙います。

12．上体を起こして、左足は相手に絡まれている右足にフックをし、

15．右手で相手の帯か尻をコントロールしながら、左手は相手の上腕を抱えて、

16．オーバーアンダーフックでキャッチして、バックテイクします。

Part7
バックテイクのバリエーション

Part7　Variation of Back Take

- 01　ロールオーバー バックテイク
- 02　vs エルボーエスケープ（サイドスイッチ）
- 03　vs インバーテッドガード（スタッキング レッグドラッグ）
- 04　vs ファーサイドエスケープ（ツイスターフック）
- 05　vs レッグトラップ（ストンプ リリース）
- 06　vs アンダーフック エスケープ（スピニング サイド スイッチ）

Part7 バックテイクのバリエーション

01 ロールオーバー バックテイク

1．レッグドラッグの体勢から、右手で相手の後ろ襟をつかみ、

2．襟を持った右腕で相手の左腕を内側へ押し出します。

5．左足を相手の腹部にかけ、

6．体を左側へ倒していきます。

ニアサイド
9．ニアサイド レッグドラッグからの場合、

10．右手で相手の後ろ襟をとり、相手の左腕を内側へ押し出します。

13．相手の体を引き付けて、左膝先を内側へ向けて相手の体に掛けます。

14．尻を支点にして体を左側へ向けて、

3．右足を相手の後頭部まで進め、同時に両手は、オーバーアンダーフックで上体を固めます。

4．相手を右足に乗せるように引き付けて、

7．右足を相手の体にかけてバックフックし、

8．アンダーフックサイドのバックコントロールをします。

11．上体を前に進め、相手の頭の下から右手を通してオーバーアンダーフックでクラッチ。

12．左足で相手の上の足を押さえて、右膝を相手の後頭部まで進めます。

15．右足を相手の体に掛けて、

16．アンダーフックサイドのバックコントロールをします。

Part7 バックテイクのバリエーション

02 vs エルボーエスケープ（サイドスイッチ）

1．ライイング・レッグドラッグのセットアップより、

2．上体を起こし、

5．エビをして腰を逃がしてきた場合、

6．左手で相手の右足を外側から抱え、頭を相手の両腕の下へ差し込みます。

9．左足から着地をし、左手で相手の右足をコントロールして、

10．右膝を相手の右足の下へ差し込んで、

13．左手を後ろ襟に持ちかえて、相手の右腕を内側へ押し出し、

14．左膝を後頭部へ進め、両手はオーバーアンダーフックをします。

3．上体を密着させようとしたときに、相手が両手で肩を押して右足を外へ逃がし、

4．相手が右足で踏ん張って両手で押しながら、

7．尻を上げて、右足を軸に左足を振り上げ、

8．マットにつけた額を支点に、相手の右側へ跳び越えます。

11．さらに右側へ詰めます。

12．右手は襟、左手は帯をつかんで、左膝を相手の腰に寄せて、レッグドラッグへ。

15．相手の上体を引き付けて、右足を掛け、

16．右側へ倒れてバックテイクします。

Part7 バックテイクのバリエーション

03 vs インバーテッドガード(スタッキング レッグドラッグ)

1. ライイング・レッグドラッグの状態より、

2. 左手で相手の襟をつかみにいくが、相手にブロックされてつかめない場合、

5. 一気に相手の腰に両足を寄せて、上体を起こします。

6. 襟を取られていない相手は上半身を捻って、

9. 相手の左足と腰を一気に引き上げ、

10. 相手の左足を左腿と腹ではさみます。

13. 徐々に体勢を落としていき、右手は相手の後ろ襟をつかみます。

14. 相手の左腕を内側へ押し出して半身にさせ、オーバーアンダーフックでクラッチします。

3．左手は相手のズボンをつかみ、

4．相手の左足を押し込みながら、右つま先で踏ん張って、

7．体を丸めてインバーテッドガードに移行しようとします。

8．帯とズボンを持ったまま、立ち上がり、

11．相手の腰を上げたまま頭を低くしていき、

12．左手は相手の右襟を持って、

15．右膝を相手の後頭部へ進め、上体を引き寄せながら左足を掛け、

16．左側へ倒してバックテイクします。

Part7 バックテイクのバリエーション

04 vs ファーサイドエスケープ（ツイスターフック）

1．ライイング・レッグドラッグの状態より、

2．右足つま先を床につけて上体を起こします。

5．両手でオーバーアンダーフックをつくり、相手の上体を固定させます。

6．相手にもたれ掛かるようにして、右膝を相手の右腿の付け根に差し込み、

9．右足を伸ばして、相手の膝下を通し、

10．膝を曲げて、相手の右腿に掛けます。

13．エビをして、やや後ろへ相手を引きずり、

14．右足のツイスターフックを使って、さらに相手の体を引き寄せ、

3. 相手が外側へ逃げて、

4. うつぶせになってきた場合、

7. 左足を相手の右足の上から掛けて、

8. 相手の右膝先を右側へ開かせます。

11. 左足を相手の足首にフックして引き付けることで、ツイスターフックを完成させます。

12. 左足はマットつけて踏ん張り、

15. 左足を相手の体へ掛け、

16. 上体をしっかり密着させバックコントロールします。

Part7 バックテイクのバリエーション

05 vs レッグトラップ（ストンプ リリース）

1．レッグドラッグの状態より、相手に足をトラップされた時、

2．右手は相手の後ろ襟をつかみ、絡まれていない右膝先を上げて、

5．左足を曲げて戻したら、つま先をマットへ着けます。

6．つま先で踏ん張って、一気に膝を伸ばすと相手の両足の絡みが外れます。

9．後ろ襟をつかんだ右腕で、相手の左腕を内側へ入れ、

10．上体を寄せて、両手はオーバーアンダーフックします。

13．左足を相手の腹部に掛け、

14．体を左へ向けていき、

3．相手の下にある側の足にフックして押さえつけます。

4．左膝先を外側へ出し、

7．左足を相手の右足の内側へ乗せて、

8．レッグドラッグのポジションを修正します。

11．右膝を曲げて相手の後頭部へ移し、左足は相手の腰につけ、

12．相手の上体を右足の上に乗せるように引き付けます。

15．右足を相手の腿へ掛けて、

16．アンダーフックサイドのバックコントロールとなります。

Part7 バックテイクのバリエーション

06 vs アンダーフック エスケープ（スピニング サイド スイッチ）

1. レッグドラッグポジションから、

2. 右手を相手の左腕の上から通して、首を取ります。

5. 体をやや後方へ下げ、

6. 左手を相手の腰に当てて、半身の状態で止めます。

9. 左足つま先を軸にして、右手と右足を相手の頭側へ進めて、

10. 右足つま先をつけて、相手と一直線上になります。

13. 両手をクラッチして、右足を左足まで引き寄せて、

14. 左膝を曲げて後頭部へ寄り、

3. そのまま首を固め、サイドコントロールへ移行します。

4. 相手がエスケープのために、右手で脇を差してきた場合、

7. やや腰を浮かせて膝をマットから離し、

8. 左足を内側へ入れてつま先をつけます。

11. 右膝を軸にしながら、右腕を相手の体の前に差し込み、

12. 左足をバックステップして、相手の背後へ回り込みます。

15. 右足を相手の腰に引き寄せます。

16. 相手を引き付けながら右足を掛けて、右側へ倒れて左足をフックし、バックテイク。

Part8
バックコントロールからのサブミッション

Part8　Submission from Back Control

- 01　リアネイキッドチョーク（ゲーブルグリップ）
- 02　ボーアンド アローチョーク vs バックスライドエスケープ
- 03　ストレートアームロック vs アームループエスケープ
- 04　ハンマーロック
- 05　クロックチョーク
- 06　ボディトライアングルからのボーアンド アローチョーク

Part8 バックコントロールからのサブミッション

01 リアネイキッドチョーク（ゲーブルグリップ）

1．バックコントロールの状態より、

2．左手は相手の左手を押さえ、相手がアゴを引いて首を守っている場合、

5．さらに深く相手の肩を抱えて、相手の首を横向きに固定します。

6．両手のひら合わせるようにして、ゲーブルグリップをつくり、

9．緩めて出来た相手のアゴ下のスペースに腕を入れて、

10．グリップをしっかり固定して、右手首を親指側へ曲げるようにし、肘を引いて極めます。

13．そのまま肩を抱えて、右腕と相手のアゴを強く密着させておきます。

14．右手は、相手の肩で固定したまま、肘を上げると相手のアゴを上げることができ、

3．相手のアゴラインに右前腕をかけ、顔ごと引いてから、相手の左肩を持ちます。

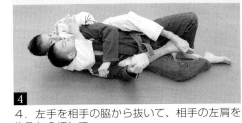

4．左手を相手の脇から抜いて、相手の左肩を後ろから押して、

7．さらに相手の首にプレッシャーをかけたら、

8．一瞬、締め付けを緩めて、

パターン2

11．同じくバックコントロールの状態より、

12．右腕で相手の首を抱えるときに、顔を横へ向けられなかった時は、

15．空いたアゴのスペースに、肘だけを戻してゲーブルグリップをつくります。

16．ゲーブルグリップで強く固定し、チョークフィニッシュします。

02 ボーアンド アローチョーク vs バックスライドエスケープ

1. バックコントロールの状態より、

2. オーバーフックサイドが下になっている時、

5. 左手は反対の襟をつかみ、カラーチョークで攻めます。

6. 相手はエスケープのために、右手でカカトをつかみ、

9. 相手に越えられた右足を曲げ、左足は相手の両足の間にかけておきます。

10. 右手の絞め手の右ヒジを引いて、マットにつけます。

13. 絞める手の肘を相手の頭を引き起こすように使い、

14. 左サイドへ倒れていきます。

3．左手で相手の襟を引き出して、

4．その襟を右手でつかみ、

7．外側へ外し、尻を浮かせて、

8．足を越えて、バックスライドエスケープを掛けてきた場合、

11．右ヒジを支点に体を起こし、右膝を相手の後頭部へ寄せて、

12．左手を襟から離して、相手の膝を抱えます。

15．右足を相手の肩に掛けにいき、

16．ボーアンドアローチョークでフィニッシュします。

Part8 バックコントロールからのサブミッション

03 ストレートアームロック vs アームループエスケープ

1．オーバーフックサイドのバックコントロールより、

2．左手で相手の左襟を開いた時に、相手が両手で右手首をつかんできたら、

3．左手でつかまれた右腕をつかみ、潜られないように押さえつけておきます。

4．相手が強く腕を引き上げて潜ってきたら、右足を外してマットにつけ、

5．右足を軸にエビをして、相手の重心を体に乗せます。

6．尻を右側へ移して、体の左側に相手の体を落とします。

7．右足をスイングして相手の顔に掛けにいき、

8．ストレートアームロックで極めます。

Part8　バックコントロールからのサブミッション

04　ハンマーロック

1．バックコントロールでオーバーフックサイドに倒れている状態より、

2．相手がバックフックを外すため、上側の足のカカトをつかんできた場合、

3．外させないように抵抗します。それでも、相手が外そうとしてきたら、

4．左足を外側へ開いて、相手の腕が体から離れるように誘導します。

5．相手の左腕の内側から左手を差し入れて、相手の手首をつかみ、

6．左足を伸ばして相手のカカトのグリップを切り、相手の手を相手の背後へ回します。

7．右腕でリアネイキッドチョークのプレッシャーをかけ、左足は相手の前腕に覆い被せます。

8．左腿で相手の前腕部を押し上げて高い位置で固定し、左手を引き上げて関節を極めます。

05 クロックチョーク

Part8 バックコントロールからのサブミッション

1. バックコントロールの状態より、

2. 横に倒れ込み、

5. 右手で襟をつかんだら、

6. 左手は反対の襟を掴つかみ、カラーチョークで攻めます。

9. バックフックを外し、左足は相手の膝裏へフックします。

10. フックをかけたまま、右足を相手の右足の下を通して、

13. 右の絞め手を引きながら、胸でも押して相手をタートルポジション側へ誘導します。

14. 左膝を寄せて、体勢を安定させながら、

3. オーバーフックサイドが下の体勢のとき、

4. 左手で相手の襟を引き出し、

7. 相手はディフェンスのために、両足で踏ん張って、

8. 体を上方向へ乗せてきたら、

11. 右膝を曲げ、フックしている左足で相手の左足を逆サイドへ移します。

12. チョークのグリップは離さずに、相手の背後につき、

15. 相手の後頭部にプレッシャーをかけて重心を前に置き、額を着いてバランスをとります。

16. 両足を進めながら、クロックチョークでフィニッシュします。

06 ボディトライアングルからのボーアンド アローチョーク

1．オーバーフックサイドのバックコントロールより、

2．左足で相手の腰を踏み、右足を内側へ曲げます。

5．左手で右足先をつかみ、

6．左膝裏に深く入れて、ボディトライアングルでロックします。

9．右肘を上げて相手のアゴをあげて、

10．そのスペースに左手を差し込んで、相手の右襟を握ります。

13．つかんだズボンを引きつけて、体を小さくかがめて、

14．両足のロックを解除して、右足首を相手の腿にフックをし、

3. 右足を相手の腹に掛けたら左足をその上からフックし、

4. 相手の体を固定します。

7. 右腕はリアネイキッドチョークを狙い、相手の左肩を抱えにいきます。

8. 相手がチョークのディフェンスのために、アゴを引いてきたら、

11. 左手の絞め手を引き上げるようにして、頭を相手の頭の下側へ移し、

12. 左手で絞めのプレッシャーをかけながら、右手は相手の右ズボンをつかみます。

15. 左足はスイングして相手の左肩にかけ、

16. ボーアンドアローチョークでフィニッシュします。

Part9
レッグロック

Part9 Leg Lock

- 01　ベリンボロ vs ストレート フットロック
- 02　ベリンボロ vs トゥホールド
- 03　ベリンボロからのストレート フットロック
- 04　ライイング レッグドラッグからのトゥホールド
- 05　ツイスターフックからのカーフスライサー
- 06　ベリンボロ カウンター（ストレートフットロック）

Part9 レッグロック

01 ベリンボロ vs ストレート フットロック

1. オープンガードの状態より、

2. 相手が左腕で右足首を抱えて、

5. 腰に当てられている相手の左足を外します。

6. 尻をあげて、

9. 右手で相手の帯をつかみ、

10. 抱えられている右足で相手の右膝を越えるようにして、

13. 左手で相手の左足ズボンをとり、左足を曲げて相手の右足をコントロールして尻を浮かせ、

14. 相手の左足を左足のスネにのせて、

3. 左足を腰に当てながらストレートフットロックで攻めてきた場合、

4. 上体を起こして、

7. 相手の左足の外側に出ます。

8. 左手で相手の左足をとり、相手の右足に対してデラヒーバフックをつくり、

11. 左肩から回転します。

12. 右肩に重心を乗せ、両足を差し込んで左足で相手の腿をフックします。

15. 左足で相手を押し出し、左手は相手の上腕を取りにいき、

16. 両手で上体をクラッチし、左足を相手の腿にかけてバックコントロールします。

Part9　レッグロック

02　ベリンボロ vs トゥホールド

1．ダブルガードプルの状態で、相手の両足を持ち上げ、

2．右足で相手の左内腿を蹴り、左足はデラヒーバフックをつくります。

5．右肩に重心がかかるまで回転して、両足を深く差し込んで左足で相手の左腿を押さえます。

6．左手で相手の左ズボンをつかんで回転をしたときに、相手が左手で右足つま先をつかみ、

9．ベーシックベリンボロの要領で相手の尻を浮かせます。

10．左膝を寄せて、相手の左足をスネの上にのせて、

13．右足に乗っていた相手の腰を股の間に落とします。

14．左手は脇の下から差し込み、右手は相手の首を抱えてチョークのプレッシャーをかけます。

3. 右手で帯を持ったら、

4. 左側に倒れてベリンボロで攻め、

7. 右手で足首を抱えてクラッチし、トゥホールドで攻めてきたら、

8. トゥホールドを掛けられたまま、左足を曲げて相手の右膝の裏に合わせ、

11. 左手を離し、相手の後ろ帯に持ち替えて、

12. 右手をマットについてバランスをとりながら、左手で相手の帯を下へ押し込み、

15. 相手がディフェンスのために、トゥホールドを解除して腕をつかんできたら、

16. オーバーアンダーフックに切り替え、バックコントロールします。

Part9　レッグロック

03　ベリンボロからのストレートフットロック

1．ダブルガードプルの状態で、相手の両足をすくい、

2．右足で相手の左内腿を蹴って、左足はデラヒーバフックをつくります。

5．尻を浮かせて横回転し、

6．右肩に体重をかけて両足を深く差し込み、

9．帯の右手を離してマットに肘をついてバランスをとり、左足は相手の腹部を踏みます。

10．左足を軸にして、左手で相手のスソを引きながら、上体を相手の左足に寄せます。

13．左手で相手の左膝を内側から押さえつけ、

15．左足を内側へ倒して相手の足をはさみ、左襟を右手でつかみます。

3．右手で帯を持ったら、

4．左側へ倒れて回転を始めます。

7．左手で左足ズボンを持って、左膝を曲げて相手の右足にかけます。

8．この時、尻を落としてしまい、相手の尻を浮かすことができなかった場合、

11．右腕で相手の足首抱えながら、右膝を相手の左足の下を通し、

12．右足を外側へ出して、相手の腰に当てて、

15．左手で相手の膝を外側へ押さえつけながら、右肩をマットへ着けにいき、

16．マットを見るように上体を覆い被せて、ストレートフットロックを極めます。

Part9 レッグロック

04 ライイング レッグドラッグからのトゥホールド

1. ダブルガードプルより、相手の両足をすくい、

2. 右足で相手の左内腿を蹴り、左足でデラヒーバフックをつくります。

5. 右足を曲げて、相手の右膝裏へ差し込み、

6. 両足で相手の右足をはさんで、ライイングレッグドラッグで攻めます。

9. 外した相手の左足をマットへ押さえつけ、左足で相手の腹部を踏み、

10. 右足は膝を曲げて相手の左足の下へ寄せ、右手は相手のつま先をつかみます。

13. 上体を開いて、仰向けになり、

14. 左足はしっかりと相手の腹部を踏んで、右膝は相手の左足の外側へ滑り込ませます。

3．右手で帯を持ったら、

4．左側へ倒れて回転を始めます。

7．相手がディフェンスのために、左足を腰に当てて、突き放そうとしたら、

8．相手の左足を右手で内側からかき分ける様にして外します。

11．両足でバランスをとりながら、左手で相手の左足首を抱えにいき、

12．上体を覆い被せて尻を起こし、左手で右手首をつかんでトゥホールドでクラッチします。

15．右膝を内側へ入れて、両足で相手の左足をはさみ込み、

16．クラッチした両手を相手の尻の方へ押し込み、トゥホールドで極めます。

Part9 レッグロック

05 ツイスターフックからのカーフスライサー

1. ダブルガードプルからデラヒーバフックをつくり、右手で帯を持ったら、

2. 左肩から横回転し、

5. 左膝を曲げて相手の右膝裏に合わせ、ベリンボロを狙います。

6. 相手の左足が近い場合は、右足を相手の左膝裏にフックし、

9. 右手は相手の左腰側の帯に持ち替えて、ファーサイドフックの基本形をつくります。

10. 両足を押し込んで、

13. ツイスターフックの足を伸ばしてバックテイクを狙います。

14. 相手が左足を外側へ開き、背面を取らせないように腰をずらしてきたら、

3. 右肩に体重を乗せ、両足を深く差し込み、

4. 左足首で相手の左腿を押さえて、左手で相手の左ズボンをつかみます。

7. 右足フックで相手の足をあげて、左足を左へ開きます。

8. 左足はスネを相手の右膝裏に掛けて、相手の尻を浮かせます。

11. 左足首を相手の足首へスライドさせ、右足を掛けにいきます。

12. ツイスターフックの基本形となり、

15. 右足首に左足を掛けて、両手は相手の右足つま先を引いてカーフスライサーを極めます。

16. 極めが不十分な時は、ツイスターフックの右足くるぶしを左足裏で押し込みます。

Part9 レッグロック

06 ベリンボロ カウンター（ストレートフットロック）

1. ダブルガードプルの状態より、

2. 相手に両足を持たれて、

5. 相手が帯をつかんできたら、ベリンボロを警戒します。

6. 相手が左肩から倒れてきたら、左手で相手の右足をつかみ、

9. 相手の回転に合わせて、右肘で体を支えながら腰を浮かし、

10. 左足を上げて、

13. マットと向かい合います。

14. 左膝を着けたとき、足先はしっかり腿にフックをかけておきます。

3．左内腿を蹴られ、

4．デラヒーバフックをつくられます。

7．右手を外側へ着けます。

8．右肘を着いてバランスをとり、相手の右足を深く左脇に抱えます。

11．つま先を相手の右腿の付け根に差し込みます。

12．相手の回転に合わせながら、左膝を外側へ出して、

15．足首を抱えている左脇をタイトにして、

16．膝を外に開きながら腹を突き出し、ストレートフットロックで極めます。

■著者略歴

芝本 幸司　Koji Shibamoto

1980年8月23日生まれ。愛知県出身。
トライフォース新宿アカデミー・ヘッドインストラクター。
2005年にトライフォース柔術アカデミーにて、ブラジリアン柔術を始める。

　紫帯取得後に、トライフォースの本部指導員を任せられる。茶帯取得後の2010年には全日本選手権、そして世界選手権を制覇し、同年6月に師・早川光由より黒帯を授与された。

　黒帯では、全日本選手権を三連覇中（2014年時点）であり、ヨーロッパ選手権、アジア選手権など多くの国際タイトルも獲得している。2012年に国際ブラジリアン柔術連盟によって定められた「ブラックベルト・ランキング」においては、日本人として初めてランクインして以降、現在まで同ランキングの上位を常に維持している。世界中から上位ランカーが選抜される「国際ブラジリアン柔術プロリーグ」にも二度、出場している。現在は、黒帯における世界タイトル獲得に向けて、挑戦を続けている。

澤田 伸大　Nobuhiro Sawada

1991年6月23日生まれ。千葉県出身。
2009年にトライフォース柔術アカデミーに入門。
2012年に青帯世界選手権にて準優勝。
同年、トライフォース認可インストラクターとなる。

　紫帯取得後は2014年にヨーロッパ選手権、世界ノーギ柔術選手権などを制して頭角を現すと、茶帯取得後の2015年にはパン選手権にて優勝。現在も活躍を続けている。

■道場紹介

トライフォース池袋（本部）（代表：早川光由）
〒171-0014 東京都豊島区池袋 2-62-1 PISO 池袋 1F
TEL: 03-6914-2947
http://www.triforce-bjj.com/

トライフォース新宿（代表：芝本幸司）
〒160-0023 東京都新宿区西新宿 7-15-4 YS 第一ビル B1
TEL: 03-6279-3907
http://www.triforce-bjj.com/

ブラジリアン柔術 ベリンボロ　DVD 2枚

平成 27 年 9 月 10 日　再版発行

著　者　　芝本幸司
発行者　　今堀信明
発行所　　株式会社　愛隆堂（Airyudo）

〒 102-0074
東京都千代田区九段南 2‐5‐5
電　話　　03（3221）2325
ＦＡＸ　　03（3221）2332
振　替　　00110-4-553

印　刷　　モリモト印刷株式会社
製　本　　有限会社　島川製本所

落丁本・乱丁本は小社までお送りください。　Ⓒ K.Shibamoto
送料小社負担にてお取替え致します。

ISBN978-4-7502-0338-6　　　Printed in Japan